꽃이 지고 난 그날에

꽃이 지고 난 그날에

초판 1쇄 인쇄	2025년 06월 01일
초판 1쇄 발행	2025년 06월 16일
신고번호	제313-2010-376호
등록번호	105-91-58839
지은이	故 임병철
발행처	보민출판사
발행인	김국환
기획	김선희
편집	현경보
디자인	다인디자인
주소	경기도 파주시 해올로 11, 우미린@ 상가 2동 109호
전화	070-8615-7449
사이트	www.bominbook.com
ISBN	979-11-6957-352-8 03810

- 가격은 뒤표지에 있으며, 파본은 구입하신 서점에서 교환해드립니다.
- 이 책은 저작권법에 의하여 보호를 받는 저작물이므로 무단 전재와 복사를 금합니다.

꽃이 지고 난 그날에

故 **임병철** 유고시집

내 연인이 거울을 보면 너무 예뻐서
거울이 남자로 변한다

보민출판사

첫사랑

그리운 당신에게
못다 한 사랑을 띄웁니다.

故 **임병철**

시집을 준비하며

故 임병철 시인은
안타깝게 세상을 일찍 떠났지만,

그가 사랑한 시는
애달픈 노래가 되어
시집 위로 잔잔히 부서져 갑니다.

나에게 詩란

나
가난해서
책 위에 눈물
떨어져도 보이지만,

시집에
꽃잎 떨어지면,
눈물 안 보인다

2004년 5월 27일
시인 故 **임 병 철**

목차

시집을 준비하며 … 5
나에게 詩란 … 6

제1부. 사랑과 이별

첫사랑 … 12
흑장미 … 14
장미 … 16
늑대의 슬픔 … 18
내 연인의 거울 … 20
눈물 … 22
빨간 꽃 … 24
미로 … 26
빗소리 … 28
꽃 … 30
우산 쓴 나무 … 32
나무 … 34
피노키오 … 36
자격 의지 … 38
군인 … 40
비 … 42
안갯속 항해 … 44

제2부. 가난과 삶

거미줄 … 48
나무의 씨앗 … 50
담배 … 52
그림자놀이 … 54
구두닦이 … 56
인어와 구두 … 58
태양의 눈 … 60
나르시스 … 62
짝눈 … 64
눈동자 … 66
봄 … 68
여름 그림자 … 70
개기 일식 … 72
입술이 빨간 이유 … 74
흰머리 … 76
누이 … 78
소고기뭇국 … 80
어부 … 82
작곡가 … 84

제3부. 자연과 죽음

바다가 짠 이유 … 88
무소유 … 90
노을 … 92
존재의 의미 … 94
숭어 … 96
천국의 문 … 98
거미 눈 … 100
웃을 때 입 가리는 이유 … 102
담뱃가게 소녀 … 104
안 아픈 나무 … 106
겨울나무 … 108
하늘빛 … 110
당부의 말 … 112

시평 … 114
I Am A Thousand Winds … 115
천개의 바람이 되어 … 117

제1부
사랑과 이별

사랑하는 사람 눈 속에,
익사한 증거가 눈물이리라

첫사랑

첫사랑 임리라
갈매기를 보며
새장을 잡아 흔드는
새의 손으로
너를 붙잡는다

바다를 앞에 두고
해변에서 부서져 가는
매의 눈으로
너를 쳐다본다

가닿지 못할 이름 하나
파도에 실려
떠밀려 온다
텅 빈 새장 안, 너 없는 바다

흑장미

시련 당한 청년의
집에 찾아와
문틈에 걸린 악마

돌아보지 마!
옷소매 눈물 닦으면
잊혀지리라

결혼식장에서
검은 말로 변하여
허둥댄다

말이 끄는 결혼 마차
떨어진 절벽엔
흑장미뿐

장미

가시 사이로
내 연인의 가는 손가락을
기다린다

다른 여자에게
가기 싫어
가시 돋아있다

늑대의 슬픔

늑대가
절벽에서 운다

예뻐서 쫓았는데,
잡아먹으려고
쫓은 줄 알고,

떨어진 양 생각에,
달이 비치는
절벽에서 운다

내 연인의 거울

내 연인이
거울을 보면,

너무 예뻐서,

거울이
남자로 변한다

눈물

사랑하는 사람
눈 속에,

익사한 증거가
눈물이리라

빨간 꽃

꿈속에서
키스 당하고,

하루 종일
얼굴 붉히는

빨간 꽃

미로

첫사랑에게
버림받고,

길을 몰라
헤매는 젊은이

미로 속을
지쳐 헤매이다

빗소리

태양이 없을 때,

달의
많은 단추
뜯기는 소리

후두둑 후두둑

꽃

어두운
물감 섞는 자의

슬픔 스며든 땅에는
꽃이 피지 않는다

밝게
살아야 한다

우산 쓴 나무

시련 당한 나무가
소녀의 집 앞에서

떠날 줄 모르고,
우산 쓰고 기다리다
말라 죽다

비가 오는데…

나무

인간의 친구
나무는 생명

목은
굵은 밑동이며,

머리카락은
버드나무 줄기

피노키오

공장에서 일하고
돌아와서 행복하다고,
부모님께 거짓말하는

나의 코는
피노키오
공장의 굴뚝이다

자격 의지

선은,
영혼의 즐거운 경험

악은,
육체의 즐거운 경험

나의 영혼은
선을 따라 살리라!

군인

군인은
머리 깎은 승려

게으른 군인은
살생하지 않으리!

비

눈물 한 방울
숨기기 위해

내리는
구슬픈 비

하염없이
내리는 빗속에

눈물은
흘러내린다

안갯속 항해

내 여자만 있었어도,
바쁜 일손 멈추지 않았을,

외롭던 고뇌의 항해

안갯속에서 울려 퍼지는
쉰 노랫소리

제2부
가난과 삶

말라붙은 시간 속에 오늘도
죽음처럼 고요하게
심판의 날을 기다린다

거미줄

조금 기다리면
하늘에서 천사들이
고개 숙이고
거미줄 뱉는다

거미들 내려온다
인간이 잘못하면,
긴 침 올라간다
조금만 기다려라

말라붙은 시간 속에
오늘도
죽음처럼 고요하게
심판의 날을 기다린다

나무의 씨앗

땅에 묻힌
씨앗 한 알

새 생명의
부활을 약속하다

희망을 품은
나무의 씨앗

담배

슬픈 자의 담뱃갑 위
개미 한 마리

육신의 건강과
정신의 건강 사이를
오가며 갈등한다

슬픔이 연기로 흩어진다

그림자놀이

한밤의
할머니와 함께하는
그림자놀이는

영원한
생명의 불꽃

피라미드 벽의
동물 그림처럼,
살아서 움직인다

구두닦이

우리 동네
구두닦이는
신데렐라 춤 상대

손끝은 흔들리고
그의 손은 춤을 춘다

삶의 흔적과 고단함을
지워내는 춤사위
구두 닦는 사람이다

인어와 구두

인어를 사랑한
한 친구가 말했었지

여보게!
어제 죽은 인어를 보았네
글쎄, 구두를 꽉 쥐고 있더군

구두는 물속에서
차가운 물결에 흔들리며
그녀의 꿈을 말하고 있었어

언젠가 바다를 떠나
사랑하는 이에게
가리라고 말이야

태양의 눈

내가
다 컸을 때,

어머니의
눈가에 주름 농사
다 지었다

눈가의 주름아,
없어져라!

나르시스

거울 속 한 송이 수선화
자신을 바라보며
사랑에 빠져있다

잘난 친구와
못난 친구가 같이
물가에 얼굴 비출 때,

못난 친구의
눈물 파문
외모가 다가 아님을

자신을 사랑하는 것
그것이 전부
다른 것은 필요치 않아

짝눈

사시 달이
강물의 차가움에

눈을 지그시 감아
짝눈이 되었다

강물의 차가움에
눈물이 되어
강물로 흘러간다

눈동자

내 눈은
첫사랑에 불타다가
한 번 꺼진 눈이다

사랑은 가고
재가 되어
눈동자에 어려있다

봄

태양이,

머리에 쌓인
눈
녹이다

봄이다!

여름 그림자

서로 사랑하라!

한여름
자기 그림자에서는
쉴 수 없지만,

서로 교대로
기대면
쉴 수는 있다

여름 그림자 아래서

개기 일식

개기 일식은
달이,

태양의
한쪽 눈을
가린 것

달이,
태양의

한쪽 눈을
가린다

입술이 빨간 이유

하나님께서
인간을 만드실 때,

전통 한국 음식
빨간 양념 드시고
거울 보았기 때문

빨갛게
입술 물들다

흰머리

일 년 내내
겨울이셨던
내 어머니, 아버지!

머리 위에 내린 눈

흰눈아,
없어져라!

나의 사랑하는
부모님

누이

내 누이의 눈은
너무 아름다워,

남편의 술병을
다 쓰러뜨린 후
일찍 오게 한다

쌓여가는 술병 위
두 눈의 볼링공

소고기뭇국

부끄러워
빨개진 얼굴에서
빨간 양념 얻고,

열심히
일한 땀에서
소금을 얻어,

한소끔
국 끓인다

어부

고기를 낚는
사람이 아닌,

사람을 낚는
어부가 되리라

작곡가

가난한 음악가
오선지에

값싼
콩나물을 토해낸다

콩나물은
음률이 되어,

오늘도 노래 부른다
삶의 희망을…

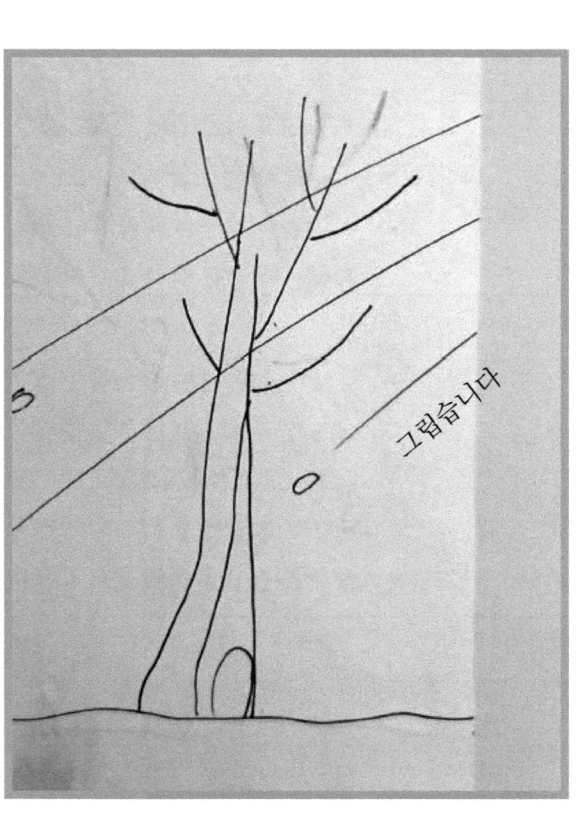

제3부
자연과 죽음

태양이 질 때
붉은 물결은 금빛이다
나 하늘로 돌아가
뜨겁게 사랑하였다고
말하리라

바다가 짠 이유

바다가
짠 이유는

수평선에
가라앉은 태양이
소금 덩어리기 때문

내 눈물이
짠 이유는

그리움이
눈물 되어 바다로
흘러갔기 때문

무소유

그물로
아무것도
낚지 않는 것이

그물 밖을
낚는 것이리라

노을

태양이 떠날 때,

솜씨 좋은 아내의
빨간 고춧가루

맛이 든 음식 솜씨
잊지 말라고,

고운 고춧가루
뿌려놓은 것

존재의 의미

나라는 존재
무엇이 될까?

지금의 나란 존재
의미를 안 후,
더욱 슬퍼진다

세상이라는
거울을 등진
고독한 내 모습

세상 밖으로 버려진
슬픈 내 그림자를
바라본다

숭어

내가 데려온
인어가

어머니의
생선 굽는 냄새에

놀라
하수구로
도망가더라

천국의 문

화장실에서
휴지 모자랄 때,

조용히 열리는
좁은 문 사이 손 하나.

가정은
천국의 문이다

거미 눈

내 마음에
비 올 때,

눈물 한 줄기
따라 올라가

사시 처,
새 눈 하나
가져온다

눈이 가득 박힌
거미 눈

웃을 때 입 가리는 이유

벽돌 쌓는
고단한 내 영혼

집에 와서
웃을 기회가
적기 때문에,

입 가리고,
조용히 웃는다

담뱃가게 소녀

담뱃가게 소녀는
새장 속 새 한 마리

담배 사러 간 내 손
새장 속에 들어간다

새는 담배 하나,
물어온다

안 아픈 나무

눈과 귀
없는 듯 살며,

입은 먹는 데만
주로 쓰면,

마음이
안 아프다

겨울나무

봄의
허무함을 달래는
겨울나무처럼,

두 팔 뻗은 채,
모두 내려놓은
겨울나무

허무함을 달래듯
하늘 향해
그렇게 서 있다

하늘빛

태양이 떠 있을 때,
밝은 물결은
은빛이고,

태양이 질 때,
붉은 물결은
금빛이다

나 하늘로 돌아가
뜨겁게 사랑하였노라고
말하리라

당부의 말

누나!

올겨울

꽃 대신
부모님을
부탁해요!

시평

故 임병철 시인에게 있어서 시란,
삶의 모든 것이었습니다.
비록 살아서 시집을 내지는 못했지만
죽은 후에라도 남아 시집을 내게 되었습니다.

못다 한 꿈과 삶의 이야기를
시집으로 출판하게 되었습니다.
요절한 순수한 청년의 꿈을 부족하나마
소중하게 펼쳐봅니다.
너는 가고 시는 남아 이렇게 노래합니다.
좋은 곳에서 편히 쉬시길…

하늘이시여!
요셉 임병철의 영혼에게
영원한 안식과 평안을 누리게 하소서!

I Am A Thousand Winds

Please do not stand at my grave and weep
I am not there, I do not sleep
I am the sunlight on the ripened grain
I am the gentle autumn rain
I am a thousand winds
I am a thousand winds that blow
I am the diamond glint on snow
I am a thousand winds that blow
Please do not stand at my grave and cry
I am not there, I did not die
I am a thousand winds that blow
I am the stars that shine at night
I am a thousand winds
I am a thousand winds that blow
I am the diamond glint on snow
I am a thousand winds that blow
Please do not stand at my grave and weep
I am not there, I do not sleep
I am the sunlight on the ripened grain

I am the gentle autumn rain
I am a thousand winds
I am a thousand winds that blow
I am the diamond glint on snow
I am a thousand winds that blow
I am the diamond glint on snow
I am a thousand winds that blow

천개의 바람이 되어

앞에서 울지 마요 나는 그곳에 없어요
나는 잠들어 있지 않아요 제발 날 위해 울지 말아요
나는 천개의 바람 천개의 바람이 되었죠
저 넓은 하늘 위를 자유롭게 날고 있죠
가을엔 곡식들을 비추는 따사로운 빛이 될게요
겨울엔 다이아몬드처럼 반짝이는 눈이 될게요
아침엔 종달새 되어 잠든 당신을 깨워줄게요
밤에는 어둠 속의 별 되어 당신을 지켜줄게요
나의 사진 앞에 서 있는 그대 제발 눈물을 멈춰요
나는 그곳에 있지 않아요 죽었다고 생각 말아요
나는 천개의 바람 천개의 바람이 되었죠
저 넓은 하늘 위를 자유롭게 날고 있죠
나는 천개의 바람 천개의 바람이 되었죠
저 넓은 하늘 위를 자유롭게 날고 있죠
저 넓은 하늘 위를 자유롭게 날고 있죠